655
2326

LE

COUP D'ÉTAT

C'EST

L'AVENIR.

Paris. — Typ. de Mme Ve Dondey-Dupré, rue Saint-Louis, 46.

LE
COUP D'ÉTAT

C'EST

L'AVENIR

PAR

M. JOSEPH DELAROA.

L'homme qui n'est pas effrayé par ses devoirs,
ne craint pas les responsabilités.

J. D.

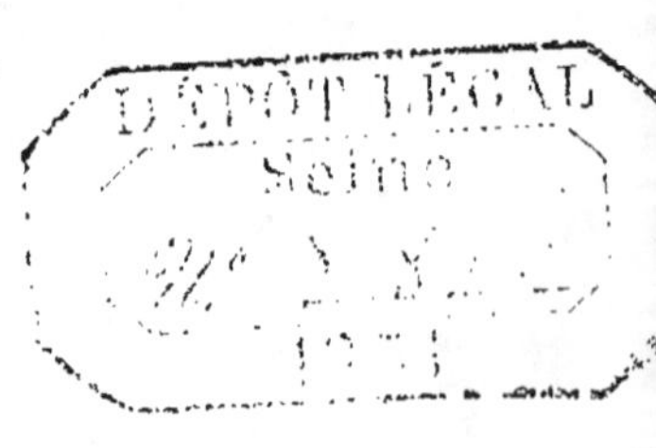

PARIS

GARNIER FRERES, PALAIS-NATIONAL, 215,

RUE RICHELIEU, 10 TER.

—

1851

AVANT-PROPOS.

En ce triste temps où les partis n'ont que
la menace sur les lèvres et la haine dans le
cœur, où les lâches et les habiles, de peur
de se compromettre, s'effacent discrète-
ment, nous venons publiquement voter de
notre nom et de nos sympathies l'acte répa-
rateur du 2 décembre.

Ce n'est pas une flatterie ni une apologie
que nous écrivons. Dieu merci! le coup
d'État est assez splendide, il parle assez
haut, pour n'avoir besoin d'aucun prospec-
tus, surtout du nôtre. C'est une explication
franche et sincère des causes qui l'ont

amené, un point de rappel jeté entre la proclamation de Louis-Napoléon et le scrutin du 20 décembre prochain.

Quoi qu'il arrive, nous déclarons résolûment que nous avons appelé de nos vœux le coup d'État comme étant la seule issue aux éventualités orageuses que nous entendions déjà gronder autour de nous dans un avenir fort rapproché.

J. D.

Paris, 10 décembre 1851.

LE COUP D'ÉTAT.

I

Il y a quelqu'un qui a fait le coup d'État avant Louis-Napoléon, c'est l'opinion publique. Louis-Napoléon l'a signé de sa responsabilité et de son épée.

Le coup d'État était dans l'air et dans nos idées : il a répondu à nos besoins; et nous avions peur de l'espérer! Il est sorti naturellement des entrailles de la situation, de la nécessité des circonstances, de la dépravation où nous avait plongés l'incertitude de l'avenir.

Et il a réussi!

Pour qu'il réussît, il fallait le concours simultané de trois principales circonstances :

La perplexité où l'on était ;

La déconsidération de l'Assemblée ;

La popularité du Pouvoir.

Ces circonstances se sont providentielle-ment rencontrées. Elles renferment la justi-fication, c'est-à-dire la légitimité du coup d'État.

II

Quelle était donc la situation morale du pays, au 2 décembre ?

Hélas ! il attendait avec plus de terreur que de résignation cette prochaine époque de 1852 qui planait, comme un nuage sinis-tre, au-dessus de ses destinées compromises. Il vivait dans le doute ; et ce doute était plein de fièvre et de stupeur. La révolution faisait circuler ses menaces souterraines. Le socialisme, par ses gazettes et ses livres, par ses députés et ses courtiers, à l'Assemblée et

dans les carrefours, en haut et en bas, par-
tout, avait proclamé son fameux rendez-
vous général dans les comices électoraux du
mois de mai. Et certes, il en faut convenir,
il avait un admirable prétexte, un motif trop
réel, dans cette fatale loi du 31 mai, loi ma-
chiavélique et toute d'expédient, qui avait
hongré le suffrage universel pour mieux
décapiter la souveraineté populaire. Il avait
mille fois annoncé qu'il voterait les armes à
la main ou briserait l'urne privilégiée.

En attendant, telle que l'homme insulté
qui recueille ses forces dans une sombre et
muette attitude, jusqu'à l'heure de se ven-
ger, la démocratie entière, modérée ou im-
modérée, s'abstenait dans les élections par-
tielles conformes à la loi du 31 mai. Elle se
résignait, parce qu'elle espérait, puisant le
courage de la patience dans l'infernal sentiment de représailles impitoyables. Déjà
elle voyait le jour, l'heure, où, dans l'urne

du scrutin, elle verserait avec ses doctrines les flots de sa haine si longtemps dissimulée.

A ce moment suprême, le succès de la démagogie paraissait être certain.

Les honnêtes gens, ceux qui ne font les révolutions ni n'en profitent, tremblaient que la société ne vînt à périr sous les expériences radicales autant qu'insensées de l'utopie triomphante.

L'Europe elle-même était saisie d'inquiétude, parce qu'elle sait combien l'initiative française, en bien et en mal, est efficace. Chacun de nos mouvements a un contre-coup prolongé; l'esprit de la France est éminemment contagieux. Elle sentait que l'ordre et la civilisation compromis ou noyés dans le sang, à Paris, le seraient bientôt sur tout le continent, jusqu'à Saint-Pétersbourg.

III

Plût à Dieu que nous extravaguions, en exagérant !

Mais, en présence des troubles qui viennent d'éclater dans les départements, sur tant de points divers, le doute n'est plus possible, et nos imaginations elles-mêmes sont de tristes réalités.

Voilà bien longtemps, trop longtemps, qu'il se fait chez nous des révolutions, au point que nous en avons presque contracté l'habitude. Les pouvoirs réguliers qui leur succèdent ont beau s'efforcer de les étouffer : il en reste toujours quelque chose, car leur germe est dans les âmes.

En effet, depuis plus d'un siècle, les générations ont grandi sous l'influence d'une littérature qui a commencé par l'athéisme, pour aboutir à l'obscénité.

Cette littérature a faussé les esprits et corrompu les mœurs. D'un côté, le roman a usurpé sur l'histoire et la sainteté du foyer domestique, pour amuser nos vices; de l'autre, le rationalisme, au lieu de discipliner les âmes sous un niveau supérieur, a sans cesse prêché l'égalité des classes dans la fange. Les livres, loin d'être des sépulcres où l'on dépose une bonne pensée pour qu'elle ressuscite dans l'action, sont devenus des œuvres honteuses pour mettre le libertinage à la portée de tout le monde; et l'industrialisme aidant, ils se sont multipliés comme les filles de joie, les mendiants et les voleurs. La débauche des idées a marché parallèle et solidaire avec celle des sens.

Que devait-il résulter de tout cela?

Le scepticisme en toutes choses.

Après avoir sapé le cœur, l'âme, l'intelligence, la religion, l'autorité des gouvernements, cette littérature insatiable s'est attelée, sous le nom de socialisme, aux flancs de l'ordre social. Ayant ruiné l'homme en détail, elle aspire à renverser de fond en comble la société entière.

IV

Eh bien, encore quelques mois! et cette démolition générale allait peut-être s'accomplir, du moins, à coup sûr, être essayée!

Encore quelques jours! et la propriété allait être pillée et incendiée, la famille souillée, la liberté sage remplacée par la terreur, le pire des esclavages, l'assassinat substitué à la justice, et le gouvernement, enfin, s'appelait l'anarchie (1).

(1) La presse a retenti des désordres qui ont éclaté tout récemment à Clamecy, Forcalquier, Capestang, Poligny, Lapalisse, Béziers, Sisteron, Digne, etc., etc. Ici, on a tiré sur des citoyens inoffensifs, massacré des propriétaires, blessé des fonctionnaires ; là, les caisses publiques ont été pillées. Dans une localité, des femmes ont été insultées et violées avec une brutalité féroce ; ailleurs, les études de notaire ont été brûlées pour anéantir les titres de pro-

Telle était la perspective de 1852!

Il fallait une main de fer pour nous sauver.

Mais, pendant que la démagogie murmurait à nos oreilles ses haines et ses menaces, que faisait l'Assemblée?

V

L'histoire se répète, en se rapetissant.

Cette remarque s'applique surtout au régime parlementaire.

L'expérience du passé nous force de convenir que les assemblées délibérantes tendent toujours vers le despotisme le plus absolu, lorsqu'elles ne penchent pas vers la servilité. Obéissantes, elles suivent l'ornière du pouvoir exécutif, sans l'avertir de ses

priété. Ces échantillons ne peuvent donner qu'une idée affaiblie du régime que les socialistes nous réservaient, en 1852, en cas de succès.

fautes ni l'éclairer sur ses périls : ce qui fait double emploi. Opposantes, elles le harcellent, le combattent, le calomnient, jusqu'à le renverser, sauf à disparaître elles-mêmes dans le tourbillon qui l'emporte. En tous cas, elles ont toujours été impuissantes à prévenir une catastrophe ou conjurer un danger. Lorsque le pouvoir est fort, elles le minent ; lorsqu'il est faible, elles le tuent ; lorsqu'il est tombé, elles s'évanouissent dans le sang ou dans la fuite.

L'histoire le dit, les assemblées ont été une inutilité ou un embarras. Il n'y a aucun avantage à choisir entre ces deux inconvénients.

La tranquillité du pays exige la suppression du parlementarisme.

VI

La dernière assemblée était bien loin d'être, par elle-même, une ressource publique. Elle avait, il est vrai, donné parfois des gages à l'ordre, mais sans qu'ils fussent autre chose qu'une garantie de circonstance. Sous la pression de nos besoins, et par un sentiment mêlé de je ne sais quelle générosité bâtarde, elle avait, tant bien que mal, confectionné quelques petites lois philanthropiques, pour jeter un morceau de pain à des misères béantes.

En ces derniers temps, les partis, dont l'union ne faisait pas la force, étaient rentrés chacun sous leur tente. L'intérêt général était descendu au-dessous des intérêts d'antichambre. Les vanités individuelles s'étaient substituées au sentiment de nos nécessités. Faire du dépit et de l'impatience; mettre en jeu les ambitions les plus misérables et les plus subversives; surveiller malignement Louis-Napoléon plutôt que le seconder; le compromettre et l'user, afin de se rendre indispensable; invoquer contre ce nom tutélaire tous les mécontentements, toutes les haines, toutes les hypocrisies; contre-carrer et blâmer l'initiative gouvernementale : — tel est le rôle qu'a joué l'Assemblée, la dernière année de son existence. Les différents partis qui la composaient se détestaient cordialement, à coup sûr; mais ils savaient former une alliance passagère, pour servir leurs passions communes, lorsqu'il s'agissait d'attaquer Louis-Napoléon.

VII

Grâce à cet état de lutte permanent, les principes du gouvernement ne se réduisaient plus qu'à des possibilités mesquines; toute solution régulière était fermée, toute conclusion forcément ajournée. Le présent n'appartenait à personne, et l'avenir était d'une sombre incertitude.

La situation semblait flotter entre deux

janissariats : l'Assemblée et le socialisme, l'impuissance et la terreur. Et on a vu un moment les destinées de la France osciller dans l'alternative d'une Convention rouge et d'une Convention blanche.

Heureusement que veillait le maître, dans le recueillement de la force qui attend sans provoquer !

Louis-Napoléon sentit, dans son propre cœur, palpiter les appréhensions du pays qui l'avait investi de sa confiance et sacré de son vote. Il comprit qu'à un peuple fatigué par la stérilité des discussions parlementaires, il faut un homme qui se taise et agisse. Et il a chassé de l'Assemblée des partis qui s'agitaient inutilement pour le bien, efficacement pour le désordre.

Chose facile à comprendre, et néanmoins digne de remarque! L'Assemblée, qui croyait personnifier la fortune de la France, a naturellement glissé sous le coup d'État. Elle a cessé d'exister sans exciter un regret ni une imprécation, n'emportant dans sa retraite que l'indifférence universelle : ce qui est la suprême injure d'un peuple ! tant elle était déjà vaincue par son propre néant.

VIII

Des esprits naïfs, des théoriciens par vocation, auxquels soixante ans de révolutions et de chartes de tous genres n'ont pu ôter l'habitude de trouver des garanties dans une constitution quelconque, regrettent la disparition de l'œuvre de M. Marrast et compagnie.

D'eux à nous, c'est une pure question de sensibilité qui ne nous regarde pas.

Nous déclarons franchement qu'à la place d'un carré de papier, autour duquel se disputent sept cents opinions opposées, nous préférons le pouvoir d'un seul homme, alors

que cet homme porte dans son nom un frein,
une tradition, un programme, une autorité,
une garantie d'ordre supérieur.

IX

Et d'abord, qu'est-ce qu'une constitution?

En examinant les nombreuses constitutions qui se sont succédé depuis 1789, ce qui nous frappe, c'est qu'en fait elles n'ont rien prévenu, rien arrêté, rien corrigé par elles-mêmes.

Nées entre la haine du passé et la méfiance de l'avenir, elles se sont proclamées éternelles ; elles n'étaient qu'immobiles.

Fabriquées à la hâte, sous la dictée des passions et des intérêts éphémères du quart d'heure, ne tenant aucun compte des éventualités légitimes qui pouvaient surgir, elles devaient être, tôt ou tard, démenties par la

révolte des nécessités nouvelles et l'inso-
lence des événements.

Et cependant rien de plus inhérent aux
constitutions que la mobilité, tant qu'il ne
plaira pas à Dieu d'en octroyer une irrépro-
chable.

En effet, leur véritable caractère est de
représenter le progrès du temps, le mouve-
ment des esprits, par conséquent, d'être in-
cessamment soumises à une révision indé-
finie.

Malheureusement, jusqu'à ce jour, elles
n'ont représenté que l'opinion d'un journal
ou le tempérament du parti victorieux.

Une constitution ne vaut que parce qu'elle
est un pacte avec les circonstances, l'expres-
sion réelle des mœurs, la traduction de nos
besoins, et la formule vivante de nos idées
et de nos croyances.

Or, les croyances, les idées, les mœurs,
les besoins d'une nation se modifiant tou-

jours, et fort vite en révolution, il n'est pas plus raisonnable d'assigner à une charte une durée de quatre ans que l'éternité. Et si j'étais obligé d'avoir une préférence, je demanderais qu'elle fût éternelle, parce que j'en prendrais une bonne fois mon parti, et tout serait dit : je m'endormirais dans la constitution !

Quant aux garanties qu'elle semble offrir, elles sont, en définitive, suffisamment illusoires. Par exemple : chaque Constitution a proclamé avec éclat la liberté en général, en permettant de l'amoindrir en détail.

X

C'est sous l'influence des réflexions précédentes et l'instinct du bon sens, que tout récemment le pays demandait la révision de la dernière Constitution.

Pour nous, si nous avions résumé la nation, nous l'eussions immédiatement remplacée par celle-ci :

CONSTITUTION ÉTERNELLE DU PEUPLE FRANÇAIS.

ARTICLE UNIQUE.

LE PEUPLE EST SOUVERAIN.

IL EXERCE OU FAIT EXERCER CETTE SOUVERAINETÉ COMME IL L'ENTEND.

La Constitution de M. de Girardin n'aurait pu être gravée que sur une pièce de cinq francs, tandis que la nôtre serait à l'aise sur le revers d'une pièce de quatre sous. Rien de mieux simplifié !

Nous prétendons que notre projet de pacte fondamental est le plus bref et le plus large de tous ceux qui ont paru et paraîtront.

De plus, il est logique.

Car, si le peuple est souverain, n'est-il pas maître de diriger ou faire diriger ses destinées, suivant son bon plaisir? S'il est souverain, ne peut-il pas toujours dire à un homme : « Je veux être république ou mo- » narchie : cela me sied. Vous avez ma con- » fiance, gouvernez-moi, pourvu que vous » me gouverniez sagement? »

Eh quoi! le peuple possède la toute-puis- sance, on le reconnaît, et il serait enchaîné, dans la manifestation de ses volontés, par un article de loi qu'il n'a même pas sanctionné! L'eût-il sanctionné, il n'aurait pas le droit de changer d'idées et de sentiments!

C'est absolument comme si l'on disait à un paysan : « Sans doute, mon ami, vous êtes » dûment propriétaire de cette terre! Mais » un petit comité, siégeant à Paris, composé » de trois libres penseurs, un philosophe, » un journaliste et un économiste, a décidé, » à la majorité absolue, que vous ne pouvez » convertir votre champ, à votre gré, en » prairie ou en verger; bien plus, que même,

» si vous le jugiez nécessaire, vous ne le
» pouvez faire administrer par un intendant
» ou un fermier de votre choix. . . . . » Le
brave homme hausserait les épaules, et pas-
serait outre.

Cette fameuse question de l'inaliénabilité,
si souvent jetée dans la controverse politique, se résout par ce simple raisonnement :
« Le peuple est maître, donc il est libre. »
C'est la formule de la personnalité humaine
appliquée à la personnalité d'une nation.

Il est vrai que les républicains austères,
qui veulent que le peuple soit attaché à per-
pétuité à la glèbe d'une souveraineté déri-
soire, lui laissent la permission d'y mourir.
Nul n'est parfait !

XI

Tout à l'heure, nous proposions une constitution composée d'un article unique. Eh

bien, nous la trouvons encore trop longue, parce qu'elle est superflue.

Eh! que sert-il donc de proclamer le peuple souverain? Au fond ne l'est-il pas toujours, bon gré, mal gré? Sa souveraineté n'est-elle pas écrite dans l'histoire, et tracée en caractères sanglants sur les pavés révolutionnaires? N'est-elle pas dans la nature même des choses, vivante au fond de nos cœurs, se révélant à travers tous les mouvements de la liberté morale? Ne l'oublions jamais! la souveraineté politique dépend de la souveraineté de la conscience qui est incompressible : là est le secret de la force.

La souveraineté est donc plus qu'illimitée; elle est illimitable, et, par conséquent, susceptible d'être aliénée. Cela nous paraît un principe de sens commun.

En brisant la Constitution de 1848, Louis-Napoléon a rendu à ce principe un éclatant hommage. C'est là que réside la vraie légitimité du coup d'État. Les nécessités actuelles n'en ont que justifié l'opportunité.

A l'aide de toutes ces observations, on peut bien affirmer que la constitution du *National* était illogique et insensée. Pour le prouver, voici deux exemples seulement.

XII

L'article 111 prévoyait la révision. En même temps, il la rendait presque impossible. Il ressemblait à une forte serrure dont la clef avait d'avance été mise, non pas entre les mains du peuple ni même de la majorité numérique de l'Assemblée, mais dans celles d'une infime minorité qui, aveugle ou entêtée, pouvait paralyser la volonté de la nation et se moquer effrontément de ses vœux : ce qui est arrivé.

On conviendra cependant qu'une charte, excellente il y a trois ans, pouvait fort bien, dans un court délai, devenir incompatible avec nos pensées et nos besoins ; surtout, lorsqu'on réfléchit que, sur la pente rapide et dans l'entraînement d'une révolution, l'état moral, intellectuel et matériel d'un peuple subit, d'un jour à l'autre, des modifications considérables.

Qu'importe !

Il était écrit dans la Constitution que l'intérêt sacré des familles, la prospérité de la fortune publique, l'avenir d'un grand et beau pays, en un mot, trente-quatre millions de Français pourraient être à la merci et soumis au caprice de cent quatre-vingt-huit individus. Et M. de Cormenin a bien osé glorifier cet article 111 comme un petit chef-d'œuvre de précaution ! Pure affaire de paternité.

Parlons de l'art. 45, si bien arrangé par le parti des Robichons, pour chatouiller la vanité présomptueuse de tout citoyen, âgé de trente ans, en lui laissant l'honneur d'être candidat perpétuel à la présidence de la République.

En réalité, cet article n'était qu'une batterie dressée contre le pouvoir.

Grâce à cette disposition constitutionnelle, outre que la souveraineté nationale était limitée par la restriction absolue imposée à son choix, le chef de l'État pouvait faire le bonheur de la France, pendant quatre ans; mais pas davantage! Que son gouvernement fût fort, respecté, aimé, il ne devait pas se prolonger d'un jour ni d'une heure.

Évidemment, la Constitution bravait le principe essentiel de la stabilité qui fonde l'avenir en asseyant le pouvoir. Mais le peuple n'avait qu'à s'incliner! On a dit que nous mourions de la Constitution; hélas! ce qui est pire, nous ne serions pas morts sans phrases.

La Constitution, considérée en elle-même,

et notamment dans ses articles 1, 45 et 111, n'était qu'une négation hypocrite de la souveraineté populaire, la méfiance organisée du présent contre l'avenir.

Dans les derniers temps, au milieu des querelles acharnées des partis, elle était devenue un danger flagrant.

XIII

En un de ces moments où le bon sens domine la passion, M. Thiers avait dit : « La République est le terrain qui nous divise le moins. » Plus tard, devant quelques amis, il ajoutait avec autant de raison que d'à-propos : « La Constitution est ce qui nous embarrasse le plus. »

Cette antithèse est la plus juste traduction du cercle vicieux et politique où nous étions placés. En apparence, c'est-à-dire régulièrement, on ne pouvait sortir de la Constitution sans sortir de la République. L'existence de l'une et de l'autre paraissait liée par une indissoluble solidarité. La valeur du coup d'État est d'avoir supprimé la première, tout en fortifiant la seconde.

Objet d'un attachement douteux pour les socialistes, d'une réelle antipathie pour les autres partis, la Constitution était loin de satisfaire tout le monde.

On ne peut pas être moins difficile !

Ici, elle est défendue comme un rempart commode, derrière lequel on puisse, à l'occasion, faire sûrement le coup de feu sur le Président, en se réservant la faculté de conspirer. Là, elle est attaquée comme un obstacle immense qui entrave le présent et tient en suspens l'avenir. En somme, au lieu d'être un levier puissant contre la révolution au profit de l'ordre, elle ne sert qu'à paralyser les efforts et user l'énergie des hommes modérés. Au lieu d'être un temps d'arrêt qui permît de consolider le terrain ébranlé par la commotion de 1848, et de travailler avec confiance aux réformes utiles, elle n'est ni plus ni moins qu'une chaîne de fer qui nous tient sans défense exposés à toutes les éventualités imaginables, et que nous devons, ô dérision! porter avec un respect aveugle, sans chercher à la secouer.

Obstacle pour toutes les espérances, embarras universel : voilà le spectacle, voilà les garanties que nous offre la Constitution, avant le 2 décembre.

Le pays est plongé dans de profondes angoisses. L'atmosphère politique est chargée de nuages qui ne nous laissent pas voir sûrement à quatre pas devant nous. Les poitrines sont oppressées par l'asphyxie des circonstances. 1852 s'approche comme une noire tempête qui nous doit engloutir dans le néant du rêve et de la folie.

Contre tant de maux, y a-t-il un remède préventif?

Constitutionnellement, aucun.

Il faut attendre, les bras croisés et la tête humiliée.

Au mois de mai prochain, la société, on le craint, on le dit, sera envahie par des doctrines stupides armées de baïonnettes.

Et qu'importe!

Constitutionnellement, il n'y a rien à faire devant de si terribles périls.

D'ici là, nous vivrons tant bien que mal; et, au besoin, nous mourrons.

Il est vrai que nous mourrons toujours suivant la formule. La chose pourra n'être pas gaie pour beaucoup de braves gens. En revanche, consolons-nous, elle sera très-constitutionnelle.

Grâce à une poignée d'enragés qui spéculaient, dans l'Assemblée, sur les misères publiques pour s'en faire un piédestal, la

France était menacée de périr dans cette infernale plaisanterie.

Louis-Napoléon ne l'a point voulu : et il a pris en main la cause de son pays. L'Assemblée était un éteignoir placé sur le vote du 10 décembre ; elle n'existe plus.

XIV

Qu'on veuille bien le remarquer, depuis l'élection présidentielle, à plus de trois années de distance, les difficultés de la situation n'avaient que changé d'aspect, en continuant d'être également redoutables.

Jusqu'au 10 décembre, nous avions été plongés dans l'impuissance gouvernementale, et menacés, en politique, d'un abêtissement complet. Le pouvoir variait de gauche à droite, cherchant vainement son point d'équilibre. Les sauterelles politiques, échappées des bureaux du *National*, étaient une plaie publique, dévorant le budget à leur aise. L'élection du général Cavaignac nous eût ramenés en deçà du 24 juin.

Au milieu de cet abaissement de tous les prestiges, un nom, qui a porté l'histoire à la hauteur de l'épopée, se rencontra qui domina tout. La France, éclairée par ce grand reflet, annonça qu'elle continuerait la France. En même temps, elle protesta d'une voix si éclatante que les premiers représentants comprirent qu'ils ne représentaient plus rien. La Constituante, perdant conscience d'elle-même, disparut à la hâte. Les ombres, qui avaient blanchi un moment dans l'orage, s'étaient déjà évanouies dans les rayons du suffrage universel.

Les élections générales de 1849 furent le triomphe complémentaire de l'élection de Louis-Napoléon. La majorité seconda le gouvernement pour ruiner le socialisme; mais le sentiment qui la dirigeait, en la tenant

compacte, n'était, à vrai dire, que le patrio-
tisme de la peur; aussitôt qu'elle se crut
rassurée, elle se divisa. Les vieux partis ti-
rèrent chacun leur drapeau de leur poche,
et arborèrent hautement le culte de leurs
superstitions politiques. De son côté, le
socialisme entra franchement en cam-
pagne.

Nous en étions là, au 2 décembre : les lé-
gitimistes, cette race poussive et fanée, ne
se cachaient plus pour restaurer prochaine-
ment la royauté de Wiesbaden. Les orléa-
nistes produisaient une candidature équivoque d'une manière encore plus équivoque.
Les socialistes brandissaient leurs espérances
au bout de sanglantes menaces.

La situation était plus difficile qu'elle ne
l'avait jamais été, parce que plus grande
était la division des partis.

Comment sortir de cette impasse?

Lorsque de semblables difficultés ne peuvent se dénouer régulièrement, elles doivent être tranchées d'un seul coup.

Maintenant, il n'y a plus ni Constitution ni Assemblée, ne nous en plaignons pas.

Il ne reste plus que Bonaparte devant le pays.

Et c'est bien assez !

Mais ce n'est pas trop.

Au 10 décembre, la France avait pris Louis-Napoléon.

Louis-Napoléon vient de le lui rendre largement.

Oui, la France est prise ; mais elle est sauvée, si, d'une part, elle se rend bien compte des dangers auxquels elle a échappé, et, de l'autre, elle sait prêter un concours efficace au Président.

XV

N'accordons aucune attention aux petits journalistes et aux petits philosophes qui font de la sensiblerie, en criant au despotisme.

Non! le despotisme, celui qui ravit la liberté du bien comme celle du mal, pour tout absorber dans une personnalité exclusive, ce despotisme n'est pas à redouter. Sans doute, il faut se défier de l'arbitraire d'un pouvoir faible, parce que c'est le propre de la faiblesse d'être violente. Mais le pouvoir qui se possède, quelque arbitraire qu'il puisse être, est naturellement modéré et tolérant. J'accepte donc volontiers le despotisme actuel. Dans un temps comme le nôtre, toutes les bonnes volontés doivent se réjouir d'être violentées par une volonté supérieure

qui commande vigoureusement à leur incertitude.

XVI

Ne regrettons pas le passé : il nous coûte
assez cher. Soyons pleins de confiance en
l'avenir que le coup d'État nous a ouvert.

Ceux qui pleurent la Constitution de 1848
ne se consoleront peut-être pas que la future
Constitution ne soit pas aussi absurde que
celle de leur goût. A cet égard, Louis-Napoléon ne s'est pas chargé de les satisfaire !

N'est-ce donc rien, pourtant, qu'une Constitution qui limite sagement les conditions
d'existence, le rôle, les attributions du pouvoir législatif et du pouvoir exécutif, sans
que l'un puisse empiéter sur l'autre ?

N'est-ce donc rien que la suppression de
cette monstruosité d'une Assemblée unique,
omnipotente, irresponsable, en face d'un

Président responsable qu'elle peut paralyser dans son action, et auquel elle peut faire porter la peine du bien qu'elle l'aura empêché d'accomplir ?

Sous l'empire de l'ancienne Constitution, la position des deux pouvoirs n'était pas égale, quoiqu'ils fussent, en principe, aussi souverains l'un que l'autre. En outre, la responsabilité du Président était à la fois surchargée, embarrassée, augmentée, sans profit et très-dommageablement, de la responsabilité de ses ministres. De sorte que non-seulement il existait un conflit permanent entre l'Assemblée et le Pouvoir exécutif, mais encore la lutte était possible, au sein même du Gouvernement, entre le chef de l'État et son cabinet. Conflit dangereux qui envenimait les rapports mutuels des pouvoirs, en irritant leurs susceptibilités ; lutte absurde qui affaiblissait l'autorité et la force du Gouvernement, en détruisant son unité !

Avec la Constitution dont Louis-Napoléon a proposé les bases au peuple, plus rien de semblable n'existera.

Le Pouvoir législatif sera réduit à ses véritables fonctions : « Examiner, discuter, con-» trôler, modérer. » Partagé en deux chambres, il trouvera, dans cette pondération de l'une par l'autre, un contre-poids naturel à ses entraînements, une correction facile à ses erreurs, une garantie sérieuse à la maturité de ses délibérations. Il n'aura qu'à seconder et éclairer le Pouvoir, à qui seul doivent appartenir l'initiative, l'impulsion et la conduite des affaires.

Assuré d'une existence de dix ans, et tout entier à lui-même, le Pouvoir exécutif pourra se livrer avec conscience et ardeur à l'étude approfondie de nos besoins, au soin intelligent de nos intérêts, à l'accomplissement des améliorations nécessaires.

Certes! une pareille Constitution vaudra

bien l'autre, qui donnait au Chef de l'État une existence précaire et insoutenable, à l'Assemblée un rôle tracassier et despotique.

XVII

C'est notre intérêt à tous, qui que nous soyons, d'encourager et d'approuver Louis-Napoléon dans la profonde réforme qu'il entreprend. Il ressuscite le pouvoir, il fortifie l'autorité : c'est constituer l'avenir.

C'en est fait du vieux régime parlementaire. Nous sortons de l'ivresse des phrases pour entrer dans l'action.

La force des gouvernements fait la grandeur des peuples. La considération, la fortune, la gloire, l'honneur d'une nation ne sont que le reflet des qualités d'un pouvoir, la sève vive et féconde qui circule du tronc dans les branches. C'est le chef de l'État, plutôt que les assemblées, qui fait l'histoire.

Qui ne sait que la misère de l'État produit la misère publique? qu'elle a son contre-coup dans toutes les régions, sur tous les points, jusqu'au fond des moindres industries? Le bien et le mal viennent toujours d'en haut.

La moralité du pouvoir fait sa force ; mais sa force engendre le crédit. Qu'on m'indique une époque et un pays où l'honneur des familles, la sécurité du commerce et la prospérité du crédit aient existé sous un pouvoir faible ou déshonoré !

Depuis bientôt quatre ans, chacun de nous, au fond de sa conscience, sentait que nous nous dépravions; chacun s'évertuait à dire : « Les affaires vont mal! il faut restau- » rer le crédit ! » Personne ne résolvait ce terrible problème.

Eh bien, la solution si vainement cherchée de ce problème était dans le cœur d'un homme de courage, qui dresserait son

caractère devant nos incertitudes, agirait vigoureusement contre toute tentative de désordre, protégerait de son respect et de son
autorité les intérêts sacrés de la religion et
de la famille, établirait un ferme équilibre
entre l'ordre et la liberté.

Cet homme s'est montré.

Le crédit doit revivre autour de lui et par
lui.

Car qu'est-ce que le crédit ?

C'est la moralité satisfaite d'une nation ;

C'est l'impulsion sincère imprimée aux
grandes et impérissables idées ;

C'est la conscience publique de la force du
pouvoir.

Les partis ont beau regarder du côté de
Frohsdorff ou de Claremont, arranger des
combinaisons de dynastie, tenter des transac-
tions de principes, il est impossible de s'y
tromper, Louis-Napoléon est, actuellement et
pour longtemps, notre vrai capital politique.

XVIII

La situation anormale où nous étions tous, et principalement le Pouvoir, s'était trop prolongée, en décimant chaque jour un caractère, une renommée, une espérance, une illusion. On ne pouvait davantage spéculer sur le temps, c'est-à-dire sur l'aggravation de nos misères. « Comme il existe, disait » la Constitution, des droits et des devoirs » antérieurs et supérieurs aux lois posi- » tives, » elle a dû être brisée elle-même. Le coup d'État qui réussit n'est que la résolution extrême du bon sens politique.

Louis-Napoléon est appelé à une haute et énorme mission; pour la rendre facile et féconde, ce n'est pas trop de fouiller dans les débris du vaisseau impérial qui porta si glorieusement nos destinées. Il doit surtout s'inspirer du génie et de l'activité de l'Empereur.

Car si la France à passé par tant de dynastie renversées et de révolutions qui n'ont pas eu de suites sérieuses, c'est par mépris des pouvoirs fainéants et des libertés qui n'aboutissent à rien,

Sans doute, nous ne sommes pas à refondre intégralement, ainsi que le prétendent les utopistes. Nous nous sommes, il est vrai, brouillés avec toutes sortes de choses ; mais, au fond, nous n'avons pas divorcé avec nous-mêmes. A travers toutes les vicissitudes, nous conservons notre caractère et nos idées fondamentales. Le devoir de la nouvelle politique est de comprendre ce caractère et de diriger ces idées : un gouvernement n'étant que la traduction fidèle de l'esprit d'un peuple.

XIX

La France, la véritable France qui garde dans son cœur les traditions d'honneur et de probité, se retrouvera tout entière, nous l'espérons, autour de l'urne du 20 décembre.

La question qui se résoudra, en ce jour solennel, est une question de vie ou de mort. C'est le triomphe ou la défaite de la civilisation. Les destinées du pays sont suspendues à la poitrine d'un seul homme. L'avenir dépend de trois lettres : *oui* ou *non*. Si l'esprit de parti nous divise, que le sentiment du malheur commun nous unisse. En ce moment terrible, les rêves les plus honorables, les ambitions les plus légitimes, n'auraient-ils donc pas une heure à céder, dans l'intérêt universel? Ne perdons pas lâchement notre position : en matière de spéculations politiques, il faut savoir parfois la sacrifier héroïquement.

Louis-Napoléon personnifie et résume la paix de nos familles, le sort de toutes les industries, la garantie du crédit et de la propriété, le salut de tous.

Faisons taire nos querelles, nos rancunes, nos dissentiments et même nos espérances.

Il s'agit de vaincre et de chasser les Barbares qui ont déjà à la main la torche pour incendier, le fusil pour tuer et des doctrines pour nous abrutir.

Au 10 décembre 1848, le pays a choisi Louis-Napoléon pour se débarrasser des républicains de la veille.

Au 20 décembre 1851, Louis-Napoléon, qui semble providentiellement destiné à être le missionnaire de l'ordre, recevra une seconde fois le sacre du suffrage universel, pour écraser le socialisme.

FIN.

Paris. — Imprimerie de Mme Ve Dondey-Dupré, rue Saint-Louis, 46, au Marais.